Na Cailleacha Gránna

5·30

wb

GW00633750

Colmán Ó Raghallaigh
a scríobh

Bernie Prendergast
a mhaisigh

Oiriúnach do pháistí ó 8 go 11 bhliain d'aois

AN GÚM
Baile Átha Cliath

Láimh leis an droichead ar bhruach na habhann a bhí campa na dtincéirí. Ba le Páid, an tincéir aerach, an carbhán mór buí agus an seanchapall donn a bhí ag ithe leis go sásta ar thaobh an bhóthair.

Ag taisteal na hÉireann a bhí Páid ach an
tráthnóna breá seo bhí sé féin agus a mhac, Micí,
ina suí ar bhruach na habhann ag iascaireacht.
Ar ball labhair an t-athair.

'Is leor sin, a Mhicí,' ar seisean,
'tá sé in am dinnéir anois.'

Ar ais leo go dtí an campa áit a raibh Nóra Rua,
bean an tincéara, ag fanacht leo. Bhí Micí go
sona sásta mar bhí dhá iasc bhreátha aige. Thug
sé dá mháthair iad agus níorbh fhada go raibh na
héisc á róstadh ar an tine.

'Tabhair leat an ciseán sin, a Mhicí,'
arsa an mháthair, 'agus bailigh
roinnt cipíní le haghaidh na tine.'

'Tá go maith,' arsa Micí.
    Rug sé leis an ciseán agus
trasna an droichid leis
chomh fada leis an gcoill.

Bhí an ciseán beagnach líonta
ag Micí nuair a chuala sé glór.
Sheas sé nóiméad ag éisteacht
. . . Ansin chuala sé arís é. Glór
aisteach . . . ar nós páiste a
bheadh ag caoineadh.

D'fhéach sé ina thimpeall
ach ní raibh aon duine le
feiceáil.

Leis sin chonaic sé a mháthair ag teacht.
'Muise, brostaigh ort, a Mhicí,' ar sise. 'Tá mé stiúgtha leis an ocras.'

'Fan go fóillín, a Mham,' arsa Micí. 'Shíl mé gur chuala mé glór.' D'éist siad beirt ar feadh tamaill agus níorbh fhada gur chuala siad an glór arís.

'Tá duine éigin ag caoineadh,' arsa Nóra.

Rith an bheirt acu go dtí na sceacha a bhí ag fás ar imeall na coille. Go tobann stop siad beirt agus iontas orthu.

Céard a chonaic siad ansin rompu ach cailín beag bídeach, í ina luí faoi sceach agus í ag caoineadh uisce a cinn.

Bhí an cailín beag ar crith
le heagla.

'C... C... Cé sibhse?' ar
sise.

'Ná bíodh eagla ar bith
ort, a stóirín,' arsa Nóra
go cineálta. 'Is cairde
muide. Beidh tú ceart go
leor anois.'

Leis sin chrom sí síos
agus phioc sí suas an
cailín beag.

Thug sí an cailín bocht ar ais go dtí an campa. Nach ar Pháid a bhí an t-iontas nuair a chonaic sé an cailín beag.

'Fuair mé í seo sa choill, a Pháid,' arsa Nóra lena fear agus chuir sí an cailín ina suí cois na tine. Níorbh fhada go raibh siad go léir ag ithe agus ag ól ar a sáimhín só.

Agus nach ar an gcailín sin a bhí an t-ocras! Ar ball beag nuair a bhí a ndóthain ite acu thosaigh an chaint.

'Cé thú féin?' arsa Nóra, 'nó céard a thug anseo thú?'

'Mise Úna,' arsa an cailín, 'Úna Ní Mhóráin.'

Agus thosaigh sí ar a scéal.

'Oíche amháin bhí mé i mo luí ar mo leaba féin sa bhaile. Oíche bhreá shamhraidh a bhí ann agus bhí an fhuinneog fágtha ar oscailt ag mo Mhamaí.'

*I bpreab na súl
sciob sí léi mé
amach san oíche
dhubh dhorcha.'*

'I lár na hoíche cé a
tháinig isteach ach
cailleach mhór ghránna.

'Ní raibh a fhios agam cá raibh mé ag dul. Nuair a gheal an lá bhí iontas an domhain orm. Bhí mé i bpluais mhór dhorcha i lár na coille!'

'Bhí go leor páistí eile sa phluais romham. Bhí triúr cailleach ina gcónaí ansin agus bhí na páistí ina sclábhaithe acu.

Na créatúir! Bhíodh orthu a bheith ag obair ó mhaidin go hoíche, ag ní agus ag glanadh, ag réiteach béilí agus ag bailiú brosna. Agus bhí ormsa an obair chéanna a dhéanamh.'

'Ní raibh a fhios agam céard a dhéanfainn. Ansin chonaic mé bord mór adhmaid díreach taobh amuigh de bhéal na pluaise agus tháinig smaoineamh chugam. Oíche amháin nuair a bhí na páistí á gcur isteach sa phluais ag na cailleacha isteach liom faoin mbord. D'fhan mé ansin go dtí gur chuala mé na cailleacha ag imeacht leo ar a scuaba.'

'D'fhéach mé amach. Bhí an ghealach lán ina suí agus ní raibh aon duine thart. As go brách liom tríd an gcoill le solas na gealaí agus mo chroí i mo bhéal agam. Ní raibh a fhios agam cén treo a raibh mé ag dul ach ba chuma liom. Bhí mé saor.'

'Lean mé orm ag rith go dtí go raibh mé tuirseach traochta. Shuigh mé faoi sceach chun mo scíth a ligean. Caithfidh gur thit mé i mo chodladh ... An chéad rud eile a chonaic mé ná sibhse ag féachaint orm.'

Nuair a bhí deireadh le scéal Úna sheas Páid suas.

'A Mhicí,' ar seisean, 'faigh mo bhuidéal glas as an gcarbhán. Agus déan deifir.'

As go brách le Micí ar an bpointe.

'Céard a dhéanfaidh tú?' arsa Úna.

'Fan go bhfeice tú, a chailín,' arsa an tincéir agus aoibh an gháire air. 'Fan go bhfeice tú.'

'Anois, a Úna,' arsa Páid agus an buidéal á chur ina phóca aige, 'an féidir leat do bhealach a dhéanamh ar ais go dtí an phluais, meas tú?'

'Ar ais ....?' arsa Úna.

'Is ea, caithfimid bob a bhualadh ar na cailleacha sin agus do chairde a scaoileadh saor,' arsa Páid.

'Ná bíodh eagla ort,' arsa Micí. 'Is iontach an fear é m'athair.'

'Tá go maith,' arsa Úna, 'déanfaidh mé mo dhícheall.'

'Suas leat ar mo dhroim,' arsa Páid.

Chaith siad tamall fada ag siúl soir siar tríd an gcoill ach ní raibh aon mhaith ann. Ní raibh pluais ná páiste le feiceáil.

'Beidh sos againn,' arsa Páid ar ball.

Ní raibh na focail as a bhéal nuair a chuala siad glór.

D'éist siad. Chuala siad arís é. Bhí duine éigin ag caint.

'A Mhicí,' arsa Páid i gcogar, 'suas leat sa chrann sin agus féach cé tá ag caint.'

Suas an crann le Micí go tapa ar nós moncaí. Ach ba bheag nár thit sé den chrann nuair a chonaic sé céard a bhí thíos faoi. ... Cailleach mhór ramhar ina seasamh ar bhosca agus scata páistí thart uirthi.

'... agus bíodh an tae réidh nuair a thiocfaimid ar ais tráthnóna ...' ar sise go crosta.

Amach le beirt chailleach eile as an bpluais. Ansin d'éirigh an triúr acu agus scinn siad tríd an aer ar na scuaba.

'Táimid san áit cheart,' arsa Micí. 'Tá na cailleacha imithe amach ach beidh siad ar ais le haghaidh an tae.'

'Le haghaidh an tae!' arsa Páid agus rinne sé meangadh gáire.

Nach ar na páistí a bhí an t-áthas nuair a chonaic siad Úna.

'Seo iad mo chairde,' arsa Úna, 'agus tá plean acu chun sibh a scaoileadh saor.'

'Ach,' arsa Páid, 'caithfidh sibh cabhrú linn. Anois déanaigí bhur gcuid oibre mar is gnách. Ansin nuair a chloisfidh sibh na cailleacha ag teacht ar ais ... An dtuigeann sibh é sin?'

'Tuigimid,' arsa na páistí d'aon ghuth.

Thosaigh na páistí ag obair go fonnmhar. Thóg Páid an buidéal glas as a phóca. Nuair a bhí an tae réidh bhain Páid an claibín den taephota mór dearg agus dhoirt sé steall mhaith ón mbuidéal isteach ann. Bhí sé an-sásta leis féin ansin.

'A Úna, a Mhicí, leanaigí mise,' ar seisean agus d'imigh an triúr acu i bhfolach.

Ní raibh siad i bhfad i bhfolach nuair a chuala siad na cailleacha ag filleadh. Bhí Micí in airde sa chrann arís ag faire ar gach rud. Rith na páistí isteach sa phluais agus leis sin thuirling na cailleacha.

'Tá mé spalptha leis an tart,' arsa an chailleach ramhar.

'Mise freisin,' arsa an dara cailleach.

'Beidh cupán tae againn,' arsa an tríú cailleach.

Líon an chailleach ramhar na cupáin.

'Sláinte,' arsa an triúr acu. Cheap siad nár bhlais siad riamh tae chomh breá leis. D'ól siad agus d'ól siad go raibh lán an phota ólta acu.

Ba ansin a tharla an t-iontas. Thosaigh an triúr acu ag at. D'at siad agus d'at siad go raibh siad cosúil le balúin.

'A dhiabhail,' arsa duine acu, 'tá mé ag dul ag pléascadh!'

Bhí na páistí ag féachaint ó bhéal na pluaise agus iontas an domhain orthu.

Leis sin d'éirigh gaoth mhór agus scuabadh na cailleacha chun siúil suas san aer . . . Suas, suas leo os cionn na pluaise, os cionn na coille nó go ndeachaigh siad as radharc sa spéir.

Nuair a chonaic Micí na cailleacha ag imeacht le gaoth lig sé fead agus tháinig na páistí amach as an bpluais agus iad ag léim le háthas.

'Hurá! Hurá!' ar siad, 'táimid saor agus tá na cailleacha gránna imithe go deo!'

'Sea,' arsa Páid go bródúil, 'is féidir libh dul abhaile anois.' Agus leis sin thug siad go léir a n-aghaidh ar an mbaile agus iad ag canadh le háthas.

Agus maidir leis na cailleacha . . . ní fhaca aon duine riamh ó shin iad.

© Rialtas na hÉireann 1995

ISBN 1-85791-086-9

Arna chlóbhualadh in Éirinn ag
Criterion Press Tta

Le ceannach díreach ón
Oifig Dhíolta Foilseachán Rialtais,
Sráid Theach Laighean,
Baile Átha Cliath 2
nó ó dhíoltóirí leabhar
Nó tríd an bpost ó:
Rannóg na bhFoilseachán,
Oifig an tSoláthair,
4-5 Bóthar Fhearchair,
Baile Átha Cliath 2

An Gúm, 44 Sr. Uí Chonaill Uacht., Baile Átha Cliath 1